Mes gentils animaux

LA POULE

Ce gros oiseau ne vole pas bien du tout et préfère marcher. La poule pond des œufs qui sont très appréciés en cuisine ; on les utilise notamment pour faire les pâtes et les glaces. Mais si on laisse la poule les couver, il en sortira un tout petit poussin jaune et doux qu'elle appelle en gloussant. Dans le poulailler, le chef, c'est le coq. Il mène ses poules à la baguette ; c'est également lui qui les défend en cas de danger.

LA VACHE

La vache passe le plus clair de son temps à brouter l'herbe de sa prairie. C'est comme cela qu'elle obtient l'énergie nécessaire pour fabriquer son lait. Ce lait sert évidemment à nourrir le petit veau. Lorsque la vache n'a pas de veau, le fermier la trait pour récupérer son lait qui sera mis après en bouteilles. C'est ce lait que tu bois au petit déjeuner, mais c'est également avec lui qu'on fait du yaourt, du beurre et du fromage.

LE CANARD

Le canard a les pieds palmés et aime beaucoup se dandiner au bord des étangs. Il trouve sa nourriture dans l'eau ; c'est pour cela que tu le vois parfois la tête dans l'eau et la queue en l'air. Au printemps, la cane couve ses œufs. De chaque œuf sort un petit caneton tout mignon couvert de duvet jaune ou brun. Si, lors de l'éclosion, c'est toi qu'il voit en premier, il te suivra comme si tu étais sa maman !

LE MOUTON

Au printemps, tu peux apercevoir les moutons brouter et bêler dans les prairies, mais en hiver, ils restent bien au chaud dans la bergerie. La maman, la brebis, donne un lait très doux que l'on peut boire et avec lequel on fait aussi du fromage. Mais il sert avant tout à nourrir son petit, l'agneau. Le mâle s'appelle le bélier ; il est facile à reconnaître car il porte de longues cornes enroulées.

LE CHIEN

Le chien est le meilleur ami de l'homme et c'est un excellent compagnon de jeu. On peut également le dresser pour accomplir différentes tâches très utiles pour ses maîtres. Il peut par exemple devenir un très bon chien de garde pour protéger la maison ou aider les bergers à garder les troupeaux de moutons. D'autres chiens sont spécialisés pour servir de guides aux personnes aveugles, aux secouristes ou aux policiers.

LE CHAT

Ce n'est peut-être pas un dieu comme le croyaient les pharaons, mais c'est un animal élégant et d'une grande beauté. Si tu veux avoir un chat à la maison, tu devras attendre que le chaton que tu auras choisi ait fini d'être allaité par sa maman, la chatte. Lorsque tu le caresses, le chat ronronne de plaisir. Tu dois lui laisser des moments de liberté car, même s'il est ton ami, le chat aime son indépendance.

LE LAPIN

Le lapin renifle sans arrêt ; c'est pour cela que son petit nez bouge tout le temps. Le lapin creuse un terrier où il se cache en cas de danger et dans lequel la femelle, la lapine, met au monde ses lapereaux qui naissent sans poils. Lorsqu'ils sont grands, les lapins sortent du terrier au lever et au coucher du soleil. Tous les lapins d'un même lieu se rassemblent pour manger les herbes des prairies et boire la rosée.

LE CHEVAL

Le cheval doit être ferré pour éviter que ses sabots ne s'usent trop vite. Chaque sabot est en fait un ongle. Ce superbe animal est un compagnon idéal pour le sport, l'agriculture ou les loisirs. La femelle, la jument, donne naissance à un poulain (si c'est un bébé mâle) ou à une pouliche (si c'est un bébé femelle). On peut habituer un cheval à être monté par l'homme vers l'âge de 3 ans. Dans la nature, les chevaux sauvages vivent en groupe.

L'ÂNE

L'âne est un animal très sociable ; il n'aime pas être seul et préfère partager sa prairie avec des chevaux. Il existe encore des ânes sauvages en Afrique. On distingue facilement l'âne du cheval par ses longues oreilles et son fameux cri " hi-han ". Il n'aime pas l'eau et lorsqu'il doit traverser un cours d'eau, il lui arrive souvent de faire sa " tête de mule " ! Une mule est le petit qui naît du croisement d'un âne et d'une jument.

LE PONEY

Le poney est un cheval de petite taille. Il a souvent une queue plus touffue et des pattes plus courtes que le cheval. Il fait le bonheur des enfants qui le montent ou qui le caressent. Parfois sa taille est vraiment très petite : le poney Shetland, par exemple, ne mesure pas plus de 1 m au garrot ! Mais il a malgré tout une sacrée force et peut transporter des charges impressionnantes.

LE COCHON

Avec son nez plat appelé groin et sa queue en forme de tire-bouchon, le cochon a vraiment l'air sympa. Il mange tout et n'importe quoi et adore se rouler dans la boue pour protéger sa peau. Il a un odorat très impressionnant qui lui permet de dénicher de succulents champignons très rares dont il raffole : les célèbres truffes. La femelle, la truie, peut avoir jusqu'à 10 bébés en même temps et elle les allaite tous !

LA BICHE

La biche ne sort de sa forêt qu'au lever et à la tombée du jour pour aller brouter l'herbe à la lisière des bois. Pour gagner le cœur des biches, les cerfs s'affrontent en poussant leur cri (c'est le fameux brame du cerf) et en se donnant de grands coups de tête au cours desquels ils entrecroisent leurs bois. Après la période des amours, la biche met au monde 1 ou 2 faons tout tachetés de blanc qui resteront près d'elle pendant au moins 2 ans.

L'ÉCUREUIL

L'écureuil est un animal tout mignon avec une grosse queue en panache. Pendant la belle saison, il fait des réserves de nourriture. C'est une attitude prudente : il est en effet difficile de trouver de quoi manger lorsque vient l'hiver. L'écureuil vit la journée ; il est donc facile de l'apercevoir qui grimpe dans les arbres lors d'une promenade en forêt. Il fabrique son nid dans les arbres avec des brindilles et des feuilles.

LE PAPILLON

Le papillon est un insecte dont les ailes sont souvent très colorées. Il se nourrit du nectar des fleurs. La femelle pond des œufs minuscules sur une feuille. De chaque œuf sort une chenille qui se déplace lentement en dévorant de grandes quantités de feuilles. La chenille se transforme ensuite en une chrysalide qui ressemble à un petit morceau de bois suspendu à un fil de soie. C'est à ce moment que la chenille va se métamorphoser en papillon.

LA COCCINELLE

La coccinelle est un insecte souvent coloré de rouge, de jaune ou d'orange et tacheté de points. Lorsque l'été est là, on aime la prendre dans la main et la faire passer d'un doigt à l'autre jusqu'à ce qu'elle s'envole. La coccinelle est un animal très utile car elle se nourrit de pucerons. Elle aide donc les hommes à se débarrasser d'insectes nuisibles.

LA GRENOUILLE

La grenouille se nourrit d'insectes qu'elle attrape avec sa longue langue gluante. Lorsqu'elle coasse, c'est le temps des amours. Le mâle enlace alors sa douce et le couple se déplace en tandem jusqu'à ce que la femelle ponde ses œufs enrobés de gélatine dans l'eau. Quelques jours plus tard, un têtard sort de l'œuf. Il ressemble alors à un petit poisson qui, en 3 mois, se transformera petit à petit pour devenir une belle grenouille.

LA CIGOGNE

L'élégante cigogne blanche est un échassier ; c'est le nom qu'on donne aux oiseaux qui ont de très longues pattes. Elle a un long bec rouge et de grandes ailes blanches à bord noir. Elle fabrique un énorme nid perché dans un arbre ou au sommet d'une maison. Elle y pond plusieurs œufs blancs qui sont couvés par les deux parents. Lorsque l'hiver arrive, les cigognes s'en vont vers des régions plus chaudes : ce sont des oiseaux migrateurs.

LE PERROQUET

L'ara que tu vois sur la photo est le plus grand des perroquets. Il est toutefois assez rare et on ne le trouve qu'en Amérique du Sud. Il vit en couple ou en famille dans les arbres de la jungle. Il ne fait pas de bruit pendant qu'il mange, mais à la moindre alerte, ses cris emplissent la forêt d'un véritable vacarme. Il se nourrit surtout de graines, mais aussi d'insectes et de fruits. Son bec est très costaud et lui permet de casser des noix sans aucune difficulté.

LE HAMSTER

Le hamster est l'un des animaux les plus familiers : il est très facile de le garder en cage. N'oublie pas de lui donner une roue pour qu'il puisse jouer : le hamster est très actif, surtout la nuit. Dans la nature, il vit dans un terrier comportant de longues galeries qui mènent à un grenier où il entasse ses provisions, à une toilette et à son nid. C'est dans ce nid qu'il donne naissance à ses petits en été et qu'il passe l'hiver à dormir bien au chaud.

LE COBAYE

Le cobaye est un petit rongeur qui ressemble à une grosse boule de poils. Il n'est pas très actif et tu peux le garder en cage en lui donnant simplement un biberon d'eau, une petite mangeoire et ton affection. Pour le nourrir, c'est assez simple : il mange de l'herbe et des feuilles. Si tu as un couple de cobayes, fais attention : la femelle peut donner naissance à 5 petits 5 fois par an ; ce qui veut dire que la petite famille deviendra vite très nombreuse !

LE CANARI

Le canari est un agréable petit compagnon qui passe son temps à chanter de façon très mélodieuse. Ce sont les Espagnols qui ont rapporté le canari de son pays d'origine : les îles Canaries. Dans ces îles, tu peux encore trouver ce petit oiseau en liberté dans les bois et les jardins. Partout ailleurs, on ne le trouve qu'en cage, où il chante et picore un os de seiche.

LA TORTUE

Il y avait des tortues sur la Terre avant même l'époque des dinosaures ! La tortue terrestre a une carapace bombée dans laquelle elle peut se recroqueviller en cas de danger. Cette carapace est lourde et empêche la tortue de se déplacer rapidement. La femelle pond des œufs qu'elle enfouit dans le sol. Après quelque temps, les bébés tortues cassent la coquille de leur œuf et gagnent la surface pour commencer leur vie au grand air.

LE DAUPHIN

Le dauphin n'est pas un poisson. Comme le chien ou le chat, c'est un mammifère qui allaite ses bébés. La seule différence, c'est qu'il vit dans l'eau et que son corps n'est pas couvert de poils. Le petit trou qui se trouve au-dessus de sa tête est sa narine : c'est par là qu'il respire. C'est un animal très intelligent et sociable. Si l'un des membres de son groupe a un problème, il l'aide. Il est même déjà arrivé qu'un dauphin sauve des hommes en mer !

LE ROUGE-GORGE

Ce petit oiseau tout rond doit son nom à la couleur rouge de sa gorge. Il habite aussi bien dans une forêt que dans un jardin où il se plaît à chanter de jolies mélodies. Il construit son nid à l'aide de mousses et de feuilles et l'installe dans un trou de mur ou dans un arbre. La femelle y pond ses petits œufs tachetés de rouge qui écloront 14 jours plus tard. Les oisillons qui en sortent sont tachetés de jaune.